Table

Lobby juif

L'ancien ministre français des Affaires étrangères sous Mitterrand, le socialiste Roland Dumas, a descendu en flammes le Premier ministre, Manuel Valls, en lui reprochant d'être indirectement sous influence du lobby sioniste, en parlant de l'influence qu'exerce sur lui son entourage familial pro-israélien, notamment par le biais de son épouse.

Invité sur BFMTV et RMC, l'ancien président du Conseil constitutionnel, connu pour son franc-parler, a révélé, toujours à propos de Valls, que ce dernier n'a pas hésité à l'agresser, alors qu'ils se connaissaient à peine, «*sous prétexte, lance Dumas, que je défends les Arabes contre les Israéliens*». En effet, Roland Dumas est l'une des rares voix de la diplomatie française à ne pas cacher sa sympathie pour la cause palestinienne et à critiquer ouvertement la politique israélienne. Bien que ses interventions soient rarement rapportées par les médias français, il s'est plusieurs fois affiché aux côtés de l'avocat Jacques Vergès pour dénoncer notamment l'«alignement atlantiste» de la politique étrangère française sur le conflit au Proche-Orient.

Dans la même interview, Dumas salue la mémoire du père de Valls, «*républicain espagnol formidable qui a toujours refusé de revenir en Espagne du temps de Franco*», tout en affirmant que le fils «*a pris le point de vue contraire*», insinuant par-là que ce dernier aurait préféré soutenir le fascisme. Il est vrai que Valls s'est distingué, depuis sa montée fulgurante dans le gouvernement, par ses accents extrémistes et son acharnement contre toute voix critiquant Israël ou l'hégémonie du lobby sioniste en France.

La direction du Parti socialiste a immédiatement réagi à ces déclarations de Roland Dumas, en les qualifiant de «*propos irresponsables*». Un membre du PS n'a pas hésité à qualifier ces propos de «*antisémitisme ordinaire*» et d'un «*complotisme délirant*». Le député Jérôme Guedj est allé plus loin en considérant que les mots choisis de Dumas sont «assassins». «*Pas d'excuse dans l'âge : vieux ou jeune, c'est le même antisémitisme qui va des mots au meurtre*», a-t-il écrit dans un tweet.

De son côté, la presse parisienne tente de ridiculiser cette sortie de l'ex-chef de la diplomatie française, en parlant de «dérapage», en essayant de réduire son commentaire sur la conduite du Premier ministre et ses influences idéologiques à «*une étrange improvisation sur ses alliances personnelles*».

En France, le lobby juif a été beaucoup plus loin et a exigé de la part du gouvernement socialiste de Manuel Valls de suspendre purement et simplement le principe fondamental de pouvoir s'exprimer librement. Christiane Taubira a annoncé devant le représentant de l'Union des Etudiants juifs de France et la LICRA, la censure générale d'internet.

Sayanim

Le Mossad s'appuie sur un réseau de plusieurs dizaines de milliers de Juifs dispersés à travers le monde, prêts à « rendre service » à tout moment au renseignement israélien. Disséminés dans tous les secteurs de la société, ces sayanim

(« aidants » en hébreu) seraient partout : journalistes, intellectuels, hommes politiques mais aussi garagistes ou agents immobiliers! Leur nombre est à environ 3000 en France.

Un Israélien d'origine canadienne, Victor Ostrovsky, ancien agent du Mossad, a publié en 1990 avec une journaliste canadienne un ouvrage censé révéler la face cachée des services secrets israéliens. Selon Ostrovsky, *«il y a des milliers de sayanim dans le monde. Rien qu'à Londres, il y en a environ 2000 qui sont actifs, et 5000 autres sur la liste. L'idée est d'avoir une réserve de gens disponibles si nécessaire, qui peuvent rendre des services mais qui n'en parleront pas, par loyauté à la cause. On leur rembourse seulement les coûts. Une chose dont vous pouvez être sûr, c'est que même si un Juif sait que c'est le Mossad, il n'est peut-être pas d'accord pour travailler avec vous – mais il ne vous dénoncera pas. Vous avez à votre disposition un système de recrutement sans risque qui vous donne en fait une réserve de millions de Juifs à exploiter en-dehors de vos propres frontières. Il est beaucoup plus facile d'opérer avec ce qui est disponible sur place, et les sayanim offrent un incroyable appui pratique partout »*.

L'entretien accordé à Silvia Cattori par Jacob Cohen, écrivain juif d'ouvrage, «Le printemps des sayanim» révèle beaucoup sur le rôle du lobby juif en France : *«J'ai l'opportunité de suivre l'actualité dans les médias favorables à Israël, et je cherche à en donner les clés. On connaît par exemple l'émission « Rire contre le racisme» lancée par l'UEJF (Union des étudiants juifs de France) et ses complices de SOS Racisme. Une initiative a priori sympathique, sauf qu'elle a* été montée pour contrer les sorties humoristiques de Dieudonné. Le message sous-jacent et qui passait dans les médias judéo-sionistes était : «On peut rigoler sans revenir aux questions compliquées de l'occupation et la colonisation israélienne.

Quand j'ai lu des livres sur le Mossad et que j'ai découvert l'existence des sayanim, je tombais des nues. Ce qui est extraordinaire - et je l'ai dit ailleurs - c'est qu'en France il y a probablement quelques milliers de sayanim et ce mot n'a jamais été prononcé. Quand j'ai découvert cette réalité, j'ai voulu lui donner une certaine épaisseur. J'ai tenu à le mettre en titre. Je pense que j'ai été le premier à utiliser ce mot en France. Alors que, dans les pays anglo-saxons, c'est un terme qui est assez courant. Je suis assez content aujourd'hui parce que le mot sayanim est presque entré dans le langage courant sur le web. Il y a beaucoup de gens qui utilisent maintenant ce terme de sayanim comme un nom commun.

Les sayanim ne sont pas des agents du Mossad. Ce sont des gens qui ont leur vie normale. Ils sont écrivains, journalistes, directeurs d'hotel ou d'une agence immobilière, etc. Les agents du Mossad peuvent avoir un jour besoin d'un coup de main, que ce soit pour espionner, ou pour orchestrer une manipulation médiatique, par exemple la campagne autour de Gilad Shalit, une merveille en termes de propagande.

Ils collaborent volontairement avec le Mossad. En général, ils appartiennent à des organisations judéo-sionistes totalement dévouées à Israël, comme le Bnaï Brit, une espèce de franc-maçonnerie internationale juive qui compte 500 000 membres dans le monde. Ils sont plutôt fiers d'apporter leur contribution.

Prenons le cas de Gilad Shalit. Comment se fait-il qu'un caporal d'une armée d'occupation, enlevé par le Hamas, dont le père est un petit fonctionnaire sans moyens, comment se fait-il que du jour au lendemain il devient une personnalité internationale ? Comment se fait-il que ce père soit invité à plusieurs reprises par Sarkozy, par Obama, par le Pape, par le secrétaire général de l'ONU, par Merkel ? Cela est le travail des sayanim. C'est le réseau des sayanim qui organise tout cela. Voilà un exemple qui montre à quoi peuvent servir les sayanim.

Dalil Boubaker, et plus récemment l'imam de Drancy Shalgoumi, sont devenus les chouchous du CRIF et du pouvoir sarkozyste. Malheureusement, il se trouve toujours ce genre de collabos qui trahissent les aspirations des peuples qu'ils sont censés représenter.

SOS Racisme est un cas particulier, quasiment une caricature d'une organisation à majorité arabe et musulmane, créée, financée, contrôlée, manipulée, par les sionistes, c'est-à-dire par l'UEJF. Je ne comprends pas que ceux qui forment sa base, et qui sont en général des étudiants ou des cadres, ne réalisent pas les manipulations dont ils sont l'objet. SOS Racisme n'a jamais dit un mot sur l'occupation sioniste. Vous trouverez son nom toujours accolé à celui de l'UEJF. Ils marchent main dans la main pour la gloire d'Israël.

Regardez Valérie Hoffenberg, présidente de l'American Jewish Committee France, élue de l'UMP et sioniste de choc, nommée par Sarkozy en 2009 « représentante spéciale de la France au Proche-Orient ». Cette Dame a créé la zone industrielle de Bethléem pour soi-disant favoriser le rapprochement israélo-palestinien et contribuer à créer les conditions de paix. Comme je l'ai dit précédemment, c'est le type d'arnaque politique et médiatique pour donner l'illusion d'une marche vers la paix. En réalité, c'est un écran de fumée qui permet à l'occupant sioniste de resserrer son étreinte sur la Cisjordanie en toute impunité.»

Dieudonnée

Les historiens de l'avenir retiendront cette journée du 9 janvier comme celle de l'enterrement de la liberté d'expression en France. Le précédent que créé la jurisprudence Dieudonné est lourd de conséquences en permettant aux autorités publiques d'interdire préventivement une réunion (spectacle artistique ou rassemblement politique) si celle-ci est susceptible d'entraîner des troubles à l'ordre public ou « d'affecter le respect de la dignité humaine ».

Or ces notions sont hautement subjectives et ouvrent la voie à toutes les décisions arbitraires : comment caractériser une atteinte à l'ordre public ou à la dignité humaine, a fortiori si elles n'ont pas encore eu lieu ? La porte est désormais ouverte à tous les abus et elle n'est pas prêt d'être refermée.

Cette décision inique et liberticide, qui fait voler en éclats la (relative) protection dont bénéficiait le domaine artistique vis-à-vis de la censure d'État, aurait dû provoquer une levée de boucliers de la part des humoristes et des artistes de scène, les premiers concernés. Il n'en a rien été. Il est vrai que Dieudonné est devenu un paria parmi ses pairs depuis son sketch (plutôt réussi) de décembre 2003 mettant en scène un colon israélien, qui avait provoqué la fureur de la LICRA et de l'UEJF et lui avait valu une condamnation pour "injure à caractère racial", la première d'une longue série… Le considérer publiquement comme antisémite est depuis devenu un rituel d'allégeance au système et une nécessité pour qui veut réussir. On se souvient sans doute que lors de l'annulation de son spectacle à l'Olympia en février 2004, ses soutiens humoristes se comptaient déjà sur les doigts d'une main, parmi eux figurait notamment Daniel Prévost.

D'autre part, il faut aussi compter avec les convictions majoritairement pro-sionistes des personnalités du show business, qui s'expriment clairement dans les propos extrémistes de Gad Elmaleh ou ceux de Stéphane Guillon appelant purement et simplement à l'interdiction des spectacles de Dieudonné et à sa condamnation pénale pour antisémitisme. Dans ce registre, on peut citer Patrick Timsit qui le compare (sans rire) à Hitler ou prétend le démolir dans un sketch assez laborieux…

Le vote juif

Comme le journaliste Jacques Benillouche écrit sur son blog «*Temps et Contretemps*» : «*Le nombre de citoyens juifs, évalué à 400.000, ne peut pas être comparé aux six millions de juifs américains qui pèsent d'un poids certain dans l'électorat américain. D'ailleurs, même en Israël, les juifs* francophones représentent une infime minorité du corps électoral français avec 33.100 inscrits. Or aux élections de 2007, ils n'ont été que 8.276 à se présenter aux urnes ce qui relativise le score de 84% enregistré par Nicolas Sarkozy. Sans compter que parmi eux figuraient des membres de la communauté religieuse catholique, des diplomates, des arabes palestiniens et des expatriés en mission temporaire.»

C'est bien peu pour influencer un vote ou pour peser de manière notable sur les candidats. En tout état de cause, les études démontrent que les juifs français se répartissent naturellement sur l'ensemble de l'échiquier politique, de la droite à la gauche. Une seule exception électorale notable a eu lieu en 1981 où la grande majorité des juifs s'était portée contre le président Giscard d'Estaing, donnant l'impression qu'un vote juif l'avait défait.

L'influence juive sur les options politiques de la France n'est pas significative car alors le Quai d'Orsay n'aurait pas pu conduire une politique strictement anti-israélienne. Les organisations juives sont nombreuses, diversifiées, souvent concurrentes, et peu représentatives. Par ailleurs, il n'y a pas de tradition militante car la majorité de cette communauté, qui se retrouve essentiellement dans des institutions culturelles, est issue d'une Afrique du nord arabe, où l'engagement politique était soit interdit, soit négligé par manque de culture politique. Certains pensent même que se poser la question du vote juif revient à franchir une ligne rouge.

On se demande donc pourquoi cette communauté fait l'objet d'une cour assidue de la part des politiques alors qu'elle est extrêmement minoritaire. On a pu constater qu'au dîner du CRIF, Nicolas Sarkozy et François Hollande avaient accepté l'invitation comme beaucoup d'autres personnalités françaises, sans pouvoir qualifier leur présence de politique ou de mondaine. Mais la politique n'était pas étrangère au cours de la soirée et la présence subliminale d'Israël était permanente. En invitant la famille de Guilad Shalit, le président français avait tenu à montrer son attachement stratégique à Israël.

Les prises de position des juifs ont varié au cours de l'histoire parce qu'elles dépendaient de l'attitude des politiques vis-à-vis d'Israël. La communauté juive d'après guerre, rejointe par les exilés de l'Est très sensibles aux thèses marxistes, était profondément de gauche jusqu'aux années 1970, en raison de l'idylle franco-israélienne qui a duré de 1948 à 1958. Il y a eu ensuite un effritement au profit de la droite quand le Parti Socialiste a pris des positions nettement pro-palestiniennes.

Mais la notion de vote juif est apparue avec la répétition d'actes antisémites qui ont entrainé un sentiment d'insécurité auprès de la communauté juive. L'ambassadeur de France en Israël, Christophe Bigot, a tenu à nous réunir pour un point de presse afin de commenter les statistiques 2011 publiées par le SPJC (Service de Protection de la Communauté juive). Les actes antisémites ont diminué de 16% en passant de 466 à 389 malgré une augmentation du nombre des actions violentes.

Le chiffre, le plus bas depuis 10 ans, est dû selon l'ambassadeur à la collaboration de la communauté juive avec les autorités sécuritaires françaises. Mais Christophe Bigot «ne voit aucun lien entre Israël et l'antisémitisme» tandis que les actes antisémites restent élevés, selon lui, parce que «l'antisémitisme est une pathologie» et qu'il n'y a pas de remède efficace pour l'instant.»

Marine Le Pen a compris, mieux que son père, que les quelques dizaines de milliers de voix juives peu significatives, qui se porteraient sur elle, ne lui seraient d'aucune utilité mathématique mais qu'elle devait surfer sur le désarroi de cette classe sensible de la population pour prouver qu'elle était la seule à prôner l'éradication du risque intégriste.

Elle s'est donc adressée aux juifs, qui naguère avaient été voués aux gémonies par tous les groupuscules antisémites fédérés au sein du F.N, sans pour autant effacer totalement le fantasme antisémite qui attribue à cette minorité juive l'illusion d'une puissance occulte. Elle a exploité les dérives islamiques des «printemps arabes» pour accroitre l'incertitude et les craintes de cette minorité, tellement aux abois, qu'elle semble prête à s'offrir à l'extrême-droite, même en Israël.

La nouvelle présidente du Front national n'a de cesse de faire oublier l'antisémitisme chevillé au corps de son père. Marine Le Pen sait pertinemment que, si son parti veut progresser dans l'opinion française, il doit impérativement se débarrasser de l'étiquette infamante, de parti antisémite, qui lui colle à la peau. Seuls les juifs peuvent l'aider à cette fin.

Elle a donc revêtu des habits neufs pour saborder ce qui faisait le fond de commerce de l'extrême droite : le racisme, la xénophobie, la préférence nationale. Elle ne tient pas de propos antisémites mais elle rejette, du bout des lèvres, les propos scandaleux de son père, qui citait il y a quelques jours Robert Brasillach, écrivain maudit de la collaboration, fusillé à la Libération.»

Voyage Sacré

Comme le journaliste Jacques Benillouche écrit sur son blog «Temps et Contretemps»: «*Israël est devenu une étape obligatoire pour ceux qui, souvent dans l'Histoire, étaient perçus exclusivement comme philo-palestiniens. Certains politiciens français n'osaient pas se compromettre de peur d'être accusés d'avoir succombé à un compromis inacceptable. D'autres estimaient que les contacts étaient inutiles car il était difficile d'avoir une confrontation loyale avec Israël en raison de ses exigences pré-politiques et de sa qualité d'État «théocratique» dès lors que des religieux orthodoxes faisaient partie de la coalition gouvernementale.*

On assiste donc à un ballet de personnalités de haut niveau et non des moindres. Même le président du Sénat, Gérard Larcher, troisième personnage de l'État était attendu. Ces visites se tiennent certes dans une ambiance de convivialité et de courtoisie mais sont rarement suivies d'un bilan politique concret. Comme le veut le verbiage diplomatique, les «échanges ont été francs et directs».

Il est légitime de se poser la question sur les raisons subites de l'engouement politique de la France pour Israël. Deux explications pourraient justifier ces déplacements. D'abord la proximité de l'élection présidentielle, prévue en 2017, donne le ton. Le vote juif n'existe pas et le nombre d'électeurs français en Israël est négligeable mais le gouvernement ne veut pas se couper de l'aile centriste française qui a toujours été pro-israélienne. Compte tenu de l'équilibre des deux blocs principaux de droite et de gauche, le vote centriste est faiseur de roi.

Les socialistes veulent donc rassurer les amis d'Israël en prouvant qu'ils se distinguent dans ce domaine de l'extrême-gauche et des écologistes, profondément anti israéliens. Le président LR du Sénat, Gérard Larcher, entre dans cette stratégie mais il a des préoccupations plus claniques. Il soutient ouvertement Alain Juppé qui selon lui «fait partie des hommes dont la France a besoin. C'est du solide». Compte tenu de la mauvaise image de marque d'Alain Juppé, détériorée en Israël après son passage au Quai d'Orsay, Larcher viendra en Israël pour recoller les morceaux et paver la route à son ami.

Alain Juppé l'Israélien

Alain Juppé a occupé deux fois le poste de ministre des affaires étrangères, du 30 mars 1993 au 18 mai 1995 dans le gouvernement Édouard Balladur puis, du 27 février 2011 jusqu'à l'élection de François Hollande en 2012, remplaçant Michèle Alliot-Marie, démissionnaire. Dès sa nomination, il avait immédiatement organisé un voyage en Israël pour s'informer des thèses des différentes parties. Alain Juppé n'avait pas dérogé à la règle de tous les nouveaux promus à ce poste mais il n'avait cependant pas commis la même bourde que Michèle Alliot-Marie qui avait estimé devoir se rendre à Gaza contre la volonté israélienne.

Cependant Alain Juppé était venu en Israël avec un grand handicap en sa qualité de gaulliste et de chiraquien. Les Israéliens ont gardé la rancune, d'une part à l'égard du général de Gaulle dont le ministre Couve de Murville avait décidé de détruire en quelques mois dix années d'idylle entre la France et Israël et d'autre part à l'égard de Jacques Chirac qui avait fondé sa politique sur une entente pro-arabe avec les régimes irakien et syrien. En tout état de cause et quel que soit son locataire, le Quai d'Orsay n'a jamais été perçu comme un allié potentiel d'Israël; au contraire il avait un a priori négatif.

Arie Avidor, ancien ambassadeur d'Israël en France, a gardé d'excellents souvenirs de ce ministre français. Sur le blog «Temps et Contretemps» du journaliste Jacques Benillouche, Arie Avidor déclare :

''Alain Juppé se rendit pour la première fois en visite en Israël en février 1986 à quelques semaines des élections législatives où il était en lice, accompagné de deux autres jeunes candidats qui allaient être élus eux aussi à cette occasion, Alain Carignon et Patrick Devedjian. Charles Pasqua, convaincu qu'il était que la défaite de la droite à l'élection présidentielle de 1981 était due à la défection du vote juif, leur conseilla instamment d'inclure Israël dans leur campagne !

J'étais alors référendaire pour la France à la Direction politique des Affaires étrangères et j'accompagnai une partie de la visite de ces trois jeunes candidats. Juppé s'imposa rapidement comme le plus brillant, le plus ouvert et le plus amical des trois. La visite à Yad Vashem, le périple le long des frontières du nord, les entretiens avec les responsables politiques l'avaient profondément impressionné et avaient contribué à renforcer chez lui des positions dont il ne varierait pratiquement plus à notre égard dans les décennies à venir.

Je ne le revis que sept ans plus tard, en novembre 1993, lorsque, ministre des Affaires étrangères du gouvernement de cohabitation d'Édouard Balladur, il revint en visite à Jérusalem. On venait juste d'annoncer officiellement la tenue de négociations jusque-là tenues secrètes sous l'égide de la Norvège avec l'OLP et la première question que Juppé posa, à la stupéfaction de l'ambassadeur Pierre Brochand et des autres membres de la délégation française, au début de son entretien avec son homologue Shimon Peres fut «êtes-vous sûr de pouvoir faire confiance à Yasser Arafat?».

Jamais depuis juin 1967, un interlocuteur officiel français n'avait exprimé tant de préoccupation pour la sécurité d'Israël. S'ensuivit une intéressante conversation à fronts renversés avec le ministre des Affaires étrangères dans laquelle ce fut Shimon Peres qui dut justifier du bien-fondé du processus de paix avec l'OLP !

En 2003, ce fut mon tour de me rendre chez Alain Juppé avec mon affectation comme consul général à Marseille, chargé d'une circonscription consulaire de 30 départements du sud de la France dont la Gironde et Bordeaux faisaient partie. Il me reçut souvent et chaleureusement. Plus que le maire, c'était l'homme d'État qui prenait le dessus lors de ces entretiens. Il s'intéressait à tout, aux développements de la situation politique au Moyen-Orient sur lesquels je le briefais tandis que son conseiller diplomatique détaché du Quai d'Orsay prenait note soigneusement. Des échanges commerciaux entre la région Aquitaine et Israël qu'il suivait de près, statistiques en mains. De la coopération décentralisée qu'il avait instaurée avec Ashdod, jumelée avec Bordeaux, des visites périodiques qu'il y faisait ou de celles à Bordeaux de son homologue Yehiel Lasry le maire d'Ashdod.

Juppé tenait également à accueillir à la mairie et à participer personnellement à toutes les cérémonies de remise de médailles des Justes à des Bordelais. C'était toujours l'occasion pour lui d'une prise de parole émouvante et sans notes sur le thème de la Shoah. Il avait développé avec la petite communauté juive de Bordeaux des rapports quasi intimes et il était (et j'imagine qu'il l'est resté) souvent présent à des célébrations à la grande synagogue.

Ce n'était pas par intérêt politique (la communauté bordelaise n'a de nos jours ni le poids électoral ni l'influence qu'un politicien pourrait rechercher) mais au nom d'un attachement sincère et profond pour une communauté qu'il considère comme partie intégrante de l'histoire et du patrimoine de la ville, de la région et de la nation.

Interrompues par son exil québécois en décembre 2004, nos relations reprirent à son retour et à sa réélection à la mairie de Bordeaux en octobre 2006 et jusqu'à la fin de ma mission. Des personnalités politiques françaises que j'ai pu côtoyer durant ma carrière, Alain Juppé reste celui que je considère comme le plus sincèrement attaché à Israël, à sa sécurité et à son avenir en tant qu'État, des considérations sur lesquelles il reste déterminé à ne pas transiger dans le cadre d'un éventuel accord de paix dans notre région''.

Invité du CRIF

Le 8 septembre 2015, il avait accepté d'être l'invité du CRIF au Grand Hôtel de la rue Scribe, dans une salle comble en présence d'un millier de personnes. Il avait tenu à préciser que durant sa jeunesse les propos antisémites étaient bannis dans les Landes et que, de son passage aux Affaires étrangères, il avait été marqué par le retour à Jérusalem, dans son avion, des cercueils des victimes de Merah à Toulouse.

Il réitéra l'estime qu'il portait pour les Juifs : «*Je ne peux pas me résoudre à voir les synagogues sous protection militaire.*

Les dix mille juifs qui ont quitté la France pour Israël, si cela correspond à leur désir, je suis content pour eux mais ceux qui ont émigré parce qu'ils ne sentent plus en sécurité, c'est un échec pour la France. Quand j'entends le mot juif, ce n'est pas dans ma tête qu'il résonne mais dans mon cœur».

Il retrace à grands traits sa carrière de député du XVIII e où il a connu des rabbins et des électeurs juifs puis ses voyages en Israël où il a discuté tout au long de la nuit avec des interlocuteurs israéliens qui lui ont ouvert l'esprit.

Alain Juppé s'est présenté aux amis du CRIF tel qu'il est: franc, résolu, ami sincère des juifs de France, avec un programme économique qui tourne le dos à celui des socialistes dont l'échec est patent . Il est vrai que ce n'est pas un orateur show-man, il n'a ni crescendo ni phrases martelées.

Lorsque dans la soirée du 8 juin 2016, une fusillade était commise à Tel Aviv par deux Palestiniens originaires de Cisjordanie, causant la mort de quatre Israéliens, Alain Juppé a eu une position claire en s'exprimant sur Twitter par le message «je suis Tel-Aviv» et, dans les heures qui ont suivi, il avait affiché *«son amitié pour le peuple israélien»*. On ne peut pas demander plus à un étranger. D'ailleurs les Palestiniens s'étaient offusqués car il n'avait jamais formulé «je suis Gaza».

Bordeaux - Ashdod

Bordeaux est jumelée avec la ville israélienne d'Ashdod depuis 1984. Fondée en 1956 sur les ruines du village palestinien d'Isdud détruit en 1948 par les forces militaires juives lors de la création d'Israël, la ville d'Ashdod est l'exemple même de la politique sioniste de destruction de la Palestine et de mystification de son histoire. Les 4000 habitants palestiniens de l'époque ont tous été expulsés et se sont pour la plupart réfugiés dans la région de Gaza.

Après plus de 60 ans, ces Palestiniens et leurs descendants sont des réfugiés qui attendent toujours, comme les 6 millions de réfugiés palestiniens, l'application de leur droit au retour sur les terres dont ils ont été chassés. Pourtant à Ahsdod chaque année, 10 000 nouveaux colons venus de Russie, d'Amérique Latine et de France viennent s'installer.

Bordeaux s'enorgueillit d'être la jumelle de cette ville coloniale au point de colporter les mythes sionistes de sa création et de nier sa véritable histoire. En effet suite à un bref déplacement à Ashdod en novembre 2006 afin de redynamiser ce jumelage, Jacques Valade déclarait au Journal Sud-Ouest (30/11/2006): « *une ville de 200 000 habitants, désormais le premier port du pays alors qu'il y a cinquante ans, il n'y avait que du sable* ».

Deux mille années d'histoire de la localité, et notamment son passé arabe, sont tout simplement passées sous silence. Les plans sionistes de colonisation de la Palestine et d'épuration ethnique de ses habitants autochtones depuis le début du 20ème siècle sont maintenant connus de tous. Par ses mythes fondateurs « d'une terre sans peuple pour un peuple sans terre », Israël a tout simplement réécrit l'histoire. De son intégrité territoriale, principe de droit international ? Nous ne vous apprendrons pas que l'Etat d'Israël n'a pas de frontières définies.

En 2006, le jumelage entre Bordeaux et Ashdod a été redynamisé au travers de la signature par Mr Alain Juppé et le Maire de Ashdod d'un plan d'actions de coopération pour les années 2007-2010. Ce plan d'actions s'est concrétisé notamment par la signature en octobre 2008 d'une convention entre les villes de Bordeaux, d'Ashdod et l'Association des Centres d'animation de quartiers de Bordeaux, puis la venue à Bordeaux en juillet 2009, de 15 jeunes d'Ashdod afin qu'ils y rencontrent des jeunes bordelais.

Manifestement, les sionistes sont toujours les bienvenus à Bordeaux. En atteste l'activité intense dans cette ville de l'AUJF, association de collecte de dons au profit de l'installation des juifs français en Palestine, donc de la poursuite active de la colonisation. En autres, elle y organise régulièrement des diners en présence de personnalités sionistes de haut rang. Ainsi jeudi 2 février 2012, un diner est organisé en présence de l'ambassadeur d'Israël en France, Mr Yossi Gal.

Hillary va-t'en guerre

La candidate "démocrate" à l'élection présidentielle Hillary Clinton, s'est engagée à "effacer" l'Iran si ce pays attaquait Israël. Cela marque une nette escalade des menaces contre ce pays et l'ensemble de sa population.

Il a été demandé à Hillary Clinton lors d'une interview sur le programme ABC "Good Morning America" sur ses précédents commentaires ce qu'elle entendait par «représailles massives», si l'Iran attaquait Israël. Elle a répondu avec une tonalité encore plus militariste.

"Je veux que les Iraniens le sache, si je suis la présidente, nous attaquerons l'Iran. Et je veux leur faire comprendre que cela signifie qu'ils doivent examiner de très près la question, parce que quel que soit le stade de développement où pourrait être leur programme d'armement nucléaire au cours des 10 prochaines années, au cours desquelles ils pourraient envisager de lancer bêtement une attaque contre Israël, nous serions en mesure de les effacer totalement. "

Le scénario proposé par Clinton en formulant ses observations sur une guerre israelo-iraniènne est tout simplement un prétexte pour elle d'affirmer sa volonté d'utiliser une force militaire écrasante, y compris les armes nucléaires et de garantir ainsi la domination des États-Unis sur le Moyen-Orient.

En outre, elle signifie par là que c'est l'Iran, la partie iranienne, qui devrait faire face à l'oblitération totale.

Littéralement ses paroles, sont explicites, elle répondrait à une attaque menée par le gouvernement iranien sur Israël par l'anéantissement complet de toute trace du peuple et de l'histoire de l'Iran, autrement dit, de commettre un génocide contre la population de quelque 71 millions de personnes.

Il convient de souligner que l'observation de Clinton vient moins de deux semaines après qu'un responsable israélien, le ministre Benyamin Ben-Eliezer, ait fait un avertissement similaire. Il a déclaré: «*Une attaque iranienne conduira à une rude représailles par Israël, ce qui conduira à la destruction de la nation iranienne.*" Si Israël n'a jamais confirmé publiquement l'existence d'un stock d'armes nucléaires, maintenant estimé à plusieurs centaines, Ben-Eliezer, a été tacitement menaçant de libérer cet arsenal dans le cas d'un choc iranien avec Israël.

Tout en s'engageant dans la diplomatie, Clinton a insisté, "*Il est clair que [les Iraniens] continuent de tenter de jeter leur poids autour du monde. Il ne fait aucun doute qu'ils poursuivront s'ils le peuvent de trouver les moyens d'obtenir une arme nucléaire .... Ils doivent connaître dès le début que ce serait une grave, une très grave erreur.* »

«*Nous allons, les Iraniens le savent, que, oui, une attaque contre Israël pourrait déclencher des représailles massives. Mais aussi une telle attaque sur d'autres pays [elle a mentionné le nom de monarchies d'Arabie saoudite, les Émirats arabes unis et le Koweït] ceux qui sont prêts à passer sous le parapluie de sécurité des USA et de renoncer leurs propres ambitions nucléaires.* "

Si Hilary Clinton est élue, beaucoup de choses vont être mises à plat. Par exemple, le politiquement correct, qui fait dire que les Américains sont innocents et que seuls leurs dirigeants ou leur 1% sont responsables des guerres américaines, ne tiendra plus. Non seulement Clinton a déjà annoncé la couleur, mais surtout, nous l'avons vue à l'œuvre pour la Syrie et la Libye en tant que Secrétaire d'Etat. Les américains savent donc parfaitement ce qu'elle fera. Si, à tout hasard, ils l'élisaient quand même, se disant qu'elle ne tiendra pas ses promesses, alors ils n'auront aucune raison de lui reprocher les autres promesses qu'elle n'aura pas tenues.

Alors qu'elle n'était que secrétaire d'Etat, elle aurait été prête à aller jusqu'à la guerre avec l'Iran. Ce n'est que l'arrivée de John Kerry qui a permis de pacifier quelque peu les relations. Autant vous dire, si Clinton est présidente, ça ne sera pas le printemps avec l'Iran. Ceci est aussi valable pour Alain Juppé dont on connait la responsabilité dans les guerres de Libye et de Syrie. Il sera difficile de se camoufler derrière des « je ne savais pas ».

La securité d'Israël

"Les Etats-Unis se tiennent aux côtés d'Israël aujourd'hui et pour toujours. Nous avons des intérêts communs... des idées communes... des valeurs communes. J'ai une volonté de fer pour maintenir la sécurité d'Israël.

Nos deux nations luttent contre une menace commune, contre la menace de l'extrémisme islamique. Je soutiens fermement Israël et son droit à l'auto-défense et je pense que l'Amérique devrait aider cette défense.

Je suis impliquée à assurer qu'Israël maintienne un avantage militaire pour faire face à ces menaces. Je suis profondément concernée par la menace croissante que représentent Gaza et la campagne de terreur menée par le Hamas."

"Je suis en faveur d'étiqueter la Garde Révolutionnaire Iranienne (Pasdarans) pour ce qu'elle est: une organisation terroriste. Il est impératif que nous devenions à la fois dur et intelligent pour gérer l'Iran avant qu'il ne soit trop tard."